# 하늘 사람人 땅

리토피아포에지 · 63
하늘 사람人 땅

인쇄 2017. 7. 20 발행 2017. 7. 25
지은이 강우식 펴낸이 정기옥
펴낸곳 리토피아
출판등록 2006. 6. 15. 제2006-12호
주소 22162 인천 남구 경인로 77
전화 032-883-5356 전송 032-891-5356
홈페이지 www.litopia21.com 전자우편 litopia@hanmail.net

ISBN-978-89-6412-084-2 03810

값 10,000원

이 도서의 국립중앙도서관 출판예정도서목록(CIP)은 서지정보유통지원시스템 홈페이지(http://seoji.nl.go.kr)와 국가자료공동목록시스템(http://www.nl.go.kr/kolisnet)에서 이용하실 수 있습니다. (CIP제어번호 : CIP2017015895)

강우식 3행시집

# 하늘 사람人 땅

# 지은이로부터

하늘을 품은 사람
땅을 닮은 사람
사람다운 사람
**人**
옛날부터 입버릇처럼
천지간에 사람이 있다 했다.
하늘 땅 사람보다는
하늘 사람人 땅이다.

天人地 3행시다.

2017년 진초록빛 물드는 여름에
果山 강우식

# 차례

하늘 사람人 땅

## 가을나그네

양말도 해지고, 블루진 뒷주머니에 멋으로 있던 하모니카를
나도 모르게 꺼내 쓸쓸히 무릎에 문대보는 묵음默音의 하루다.
어깨에 걸린 노을도 무거운 가을은 나보다 더 빨리 늙었다.

## 가을향기

서울의 한 변두리 식당에서 송이덮밥을 먹었다.
그 향기 너무도 좋아 한 점 싸들고
가을 향기 맡으라고 저승의 아내에게 가고 싶다.

## 갈대

갈대는 가을이면 온몸으로 운다. 거친 사내 품에 안겨서
몸이 아름다운 것은 아름다울 수 있는 성장 통을 가져서라며
강변에 노숙하는 강마른 여자처럼 주름진 울음을 운다.

## 강화도

강물은 꽃 물살이 아니었다. 외규장각은 불티 되어 날았다.
화문석 돗자리에 무릎을 꿇었으나 부끄러웠던 하늘
화적질 앞에 속수무책이었던 바다와 순결한 섬이었다.

## 겨울 풍경

천상에는 꿈 물결 오로라 춤. 지상에는 흰 눈의 고요.
나뭇가지에 앉은 붉은 머리 오목눈이 한 점 숯불덩이다.
낙목한천에 핏빛 같은 눈雪. 너도 얼어붙은 피, 눈이다.

## 계집

바다냄새가 너무 짙어서 고향을 물으니
주문진 나룻가 계집이란다. 그래 맛 좀 보자.
얼마나 비린지. 꽁치 좀 구워 와라.

## 꽃

꽃을 보지 못한 아기가 꽃을 그렸다.
어떻게 꽃인 줄 알고 그렸지. 그릴 수 없으니까
마음으로 그렸다. 마음이 꽃이니까.

## 꽃 웃음

꽃피면 천국처럼 사람만 인산인해 홍청망청한 봄날이다.

꽃이 오히려 그런 사람 구경이 재미있어서 웃고 있다.

사람들, 자기 사는 세상을 너무나 쉽게 지옥으로 만든다.

## 구름

초록 잎 잘 이어서 지붕을 인 교목의 그늘이 사라졌다.
있을 땐 몰랐던 백차일 친 빈자리. 너무 허전타.
하늘 길 다니느라 힘들었던 구름도 다른 쉼터 찾아 떠났다.

## 그림자

떨쳐버리려 해도 이미 바닥 친 얼룩이자 껍질인 그림자가
액땜 부적을 지닌 한 여자 몸에 비상착륙해 불타고 있다.
큰 날개가 잠재된 손이. 발이 없는 발짝이 죄처럼 찍혔다.

## 그립다 —J에게

옛사랑을 떠올리며 삼청공원 초록길을 오르내리다
남원 땅 향단이 온몸이 젖었다. 속옷이 보이도록
그넷줄 다는 5월. 그리워 치맛자락 뒤집히는 것은 자연이다.

## 기러기

정 떼고 떠나기 어렵긴 사람이나 철새나 마찬가지
겨울 한철 뜨내기살림에도 쌓인 정 너무 무거워
부렸다 다시 얹었다 날갯짓하며 북으로 가는 기러기.

## 길

구만리장천을 날아가는 새들도 허공에 길이 있다.
펭귄도 눈벌에 그 작은 발로 기적처럼 길을 내고 바다로 간다.
사람만이 아니라 미물들도 길이 살아가는 통로임을 안다.

## 나비 —엘비라 마디간에서

사랑은 자유다. 자유로운 영혼의 여행이다.
어디에도 줄 곳 없는 납덩이 사랑.
모차르트의 피아노 소나타 리듬 타는 나비 되었다.

## 낙엽

아무런 미련도 아쉬움도 남기지 말고 한 목숨 깨끗히 거두거라.
떨잎 하나 지는 게 아프면 어이 하늘이 변하길 바라겠느냐.
굵힌 생채기가 있어야 생살 돋듯 새싹도 나지 않느냐.

## 노인

보고 느끼는 것 무엇이든지
마지막이라 생각한다면 누구나 노인이다.

노인 같은 생각이 노인이다.

## 눈 · 1

하늘에 꽃 공장이 있어서 구름을 모아서
꽃잎 만들어 흩뿌리는 걸까.

지상에서는 꽃잎이 쌓여 눈 세상이 되네.

## 눈 · 2

내게 온 아파도 좋은 사랑. 맨발에 쇠고랑 찬 수인이다.
찬 눈길을 걷는다는 것은 검은 사랑의 희디흰 속죄다.
시베리아 벌판도 초지일관하다보면 초지달관이 되리.

## 눈 · 3

눈은 자장가, 자장자장 내려 산천초목이 다 잠들었다.

동안거 묵언수행 풀린 스님의 독경소리에 긴 겨울 꿈 깬다.

내 얼었던 가슴도 생명이 싹트는 노랫가락으로 출렁인다.

## 눈 · 4

하늘에서는 무슨 춤 추며 살았는지 모르지만
고려가요의 한 대목처럼 어져녹져 하는 눈이여
이 누리에서는 우리 삶과 달리 사즉생死卽生 하는 눈이여

## 눈 · 5

눈 내려 산봉우리들은 그녀의 젖가슴처럼 희다.
한 사내에게는 매섭게 차면서 뜨겁던 첫사랑이다.
오늘 그 사랑 눈 살랑살랑 마음 흔들어 난분분하다.

## 눈 · 6

옛날 내가 봤던 영화 양산도의 망나니처럼 눈이 내린다
대명천지 어디든 천것으로 살지 마라라 하며 눈 내린다
쑥대머리 무릎 꿇고 토설치 못하고 사랑한 죄. 후회다.

## 눈 · 7

아내가 저 겨울바다에 외롭게 추운 가슴으로 살고 있다
오늘 그 바다에 성냥팔이 소녀처럼 떨지 말라고
목화솜 같은 목화솜 같은 구름 꽃이 살포시 내렸다.

## 눈 공간

갑자기 눈 덮여 세상이 하얗게 더 넓어졌습니다.
내 마음도 눈송이 송이 촛불이듯 밝게 커졌습니다.
어디든 빈자리마다 밝고 환한 대낮이었으면 합니다.

## 눈 바다

바다를 품었던 사람. 사랑도 바다 같아서
하루 이틀 사흘 그저 눈 같은 마음만 주고 싶습니다.
사랑은 아무리 폭설이어도 눈사태지지 않습니다.

## 눈썹

눈썹 짙은 소나무에 계집의 붉은 혓바닥.
부처님 이마 위에 선시禪詩 같은 달이 걸린 밤이다.
죄 끓는 건 마음자락인데 문둥이처럼 눈썹을 밀었다.

## 눈 오는 날

한산한 술청의 주모도 무료해선지
앞 손님의 흰 사기 막사발 잔이 비면
무심히 막걸리 주전자를 들었다 놓는 소리만 들리는……

## 달밤

늑대는 달밤에 왜 우는지 아는가.
저 달이 햄버거 속 붉은 고기 덩어리 같아서
배가 고파서 하늘보고 운다.

## 답

그녀는 내 뒤로 와서 가만히 내 허리를 안았다.
나는 조용히 되돌아서서 마주보며 포옹했다.
사랑은 평범한 일상. 때로는 목숨까지도 내놓는 자연.

## 동백

누가 아니라냐, 대성통곡할 어이구 이 잡것아. 하필이면

눈 질근 감고 천길 벼랑에 내던진 제살 핏덩어리냐.

황토 흙바람 피눈물 얽힌 팍팍한 붉은 설움의 남도천리냐.

## 동상이몽

칠순 갑장 여자, 이승에서의 나하고는 불륜이어서
저승의 다리목 건너 가 만나 살고 싶다네.
불륜이 죄 아닌지 언젠데 세월 가는 것도 모르나.

## 두브로브닉스

정박한 크루즈에서 나온 여행객들이 더 이국적이다.
나는 이곳 광장에서 하릴없이 오가는 인종들을 구경하다
햇살이 너무 좋아 5월 아드리아 바다 빛 모자를 샀다.

## 등잔

내 기다림은 아무래도 19세기식인가 보다.
방안에 켜켜이 먼지 쓴 등잔불 켜놓고 저 불꽃이
조용히 타오르며 졸듯이 그대 오거나 말거나 꾸벅.

## 로즈마리

아드리아 해 한 이름 없는 민박집 정원에서
로즈마리 잎을 바닷바람에 흔들어
저승 간 아내 못 잊어 그 향기를 맡는다.

## 만추

타들어가다, 타들어가다 사위는 가랑잎 목숨이다.
첫사랑은 짧았기에 아직 잊히지 않고 남아 있음을 느낀다.
하늘 길 따라가는 힘 없는 저녁 연기. 먼 설산이 무덤 같다.

## 머리카락

살며 미련 없이 칼로 도려내고 싶은 것들이 있을 때면
머리통 째 쌓인 울화들을 감고 자르고 시원히 헹궈낸다.
아마 그러며 지내라고 하나님은 머리카락을 주셨나보다.

## 모과

지옥의 한 철처럼 서서히 썩어가며 짜내는 미라의 향기.
내 목숨의 끝도 누군가를 지키는 스핑크스가 될 수 있을까.
저 암향의 죽음의 향기가 내 인생을 송두리째 절망케 하네.

## 모천회귀

모천은 어머니의 탯줄이다. 연어는  태어난 그 강에서
새끼를 낳고 산목숨 티끌까지 다 쓰고 죽는다. 거룩하다.
사람도 못하는 일들을 어디서 터득했는지 모르겠다.

## 목선

큰 바다에 가려면 가슴을 열고 바람맞아야 가는
아니면 관절염환자처럼 삐걱삐걱 노 저어야 되는
60년대에 슬며시 은퇴한 스타 같은 황포돛대다.

## 목포

서울을 떠난 밤 열차가 귀뚜리처럼 울면서
새벽빛 푸른 목포역에 도착하자 바다도 성큼
가을 물들어 뱃고동소리로 길게 울었다.

## 무소식

남들은 아내와 사별했어도 더러 꿈에 만난다는데
손톱 끝만치도 깜깜 무소식이니 오늘 와서
흠향歆饗이나 할지 제사상 차리기도 서운하구나.

## 물 · 1

머리채 쥐고 맞장 뜨다가는 이내 해해거리고
흥분해 발버둥 치다가 교회에 들어선 듯 고요해지는.
심봉사가 눈 떠도 못 다스릴 빼덕어멈 같은 물이다.

## 물 · 2

옛날에는 정신 차리라고 차리겠다고 찬 물 한 바가지
단연한 결기로 공부 잠 쫓느라 뒤집어썼는데
요즈음엔 기부천사 이름으로 웃으며 동이 째 맞는다.

## 물 · 3

아내가 나를 버린 것은 물이 없어서다.
쓴물이든 단물이든 빼먹을 것 있어야 살지
어느 삭막한 여자가 물 없는 사내와 살겠는가.

## 물 · 4

물은 동동動動, 정중동, 정정靜靜, 동중정.
춤추면서 쉰다. 사랑하듯이 움직인다. 집단 혼숙처럼 얽힌다.
상선약수라 하지만 물의 됨됨도 담긴 그릇에 따라 다르다.

## 물속의 나무

물은 힘은 있어도 굳은 각질의 뼈를 만들 수 없다.
잠수부처럼 애쿼렁aqualung을 지닌 독야청청 나무 한 그루.
나무도 물을 먹고 크니 물이 만든 뼈라 하겠다.

## 바다 · 1

바다 앞에서면 나는 늘 부끄럽다. 영하 60도의 베링 해의 겨울바다에서 고기를 잡는 뱃사람의 삶은 배우지 못할망정 천시뱃놈이 싫어서 바다를 벗어나려고 한 적이 있다.

## 바다 · 2

많은 사람들이 바다에 오면 바다를 서정으로 읽는다. 바다는 밤새 잉크병에 펜을 꽂아 연애편지를 쓰던 푸르름이 아니다. 꺾이었다 일어서고 꺾이었다 일어서는 생존의 서사다.

## 발칸 · 1

해군바지 같은 아드리아 해를 거슬러 올라간
전흔이 사라진 자그레브 시장은 꽃 바다였다.
이 땅에도 발칸사람들의 환한 얼굴 같은 꽃이 피었구나.

## 발칸 · 2

어느 땅이고 밀려가고 밀려온 옛날이 없었으랴.
사랑하며 살자고 동방정교회도 미나렛 첨탑도 세웠는데……
그들의 생애에서 피터지게 총질하리라고는 아무도 몰랐었다.

## 베개

그녀가 보내준 스칸디나비아 반도를 닮은 베개를 베고
나는 밤마다 울창한 자작나무숲과 송네 피요르를 꿈꾸며
푸르른 북극의 바다를 떠도는 외로운 고등어 한 마리.

## 벽

고층아파트 벽과 맞닥뜨린 새가 날개로 피해 간다.
9.11사태 때 쌍둥이빌딩을 들이박은 인조 새와 다르다.
벽을 두고 새는 어떤 경우든 인간처럼 무모하지 않다.

## 별 · 1

별 근처를 헤맨다는 것은 얼마나 쉬운 일인가.
너무 아득하고 멀어서 발품 팔지 않아도 가는
내 유년의 별사탕 하나쯤 묻어놓으면 되는 일인가.

## 별 · 2

어릴 때는 이웃 소녀의 눈동자에서 별을 찾았는데
어른이 되어서는 별이 떠도 사라져도 관심 밖이었다.
늙마의 쓸쓸한 별 나 지구 밖으로 밀려나도 별이겠지.

## 별 · 3

초병시절 첫사랑에 대한 아픔을 안 남기려고
캄캄 밤하늘에 눈송이처럼 떨어질 것 같은
저 타임캡슐 별 속에 내 손톱을 깊숙이 숨겼다.

## 별 · 4

4.3 광년의 가까운 별에서부터 내 시야에
결혼 예식장의 촛불이듯 6천여 개의 밤하늘의 별이 떴다.
처음으로 하늘이불에 누워 한 남자에게 몸을 열었다.

## 별 · 5

사랑이니까 가능한 일, 가서 만나지 않고 멀리 있어도
가까이런 듯 볼 수 있는 그대 하늘을 별에게 배운다.
어린왕자로 살 숨어있는 별을 찾는 꿈을 꾸자.

## 별 · 6

하나님이 아니더라도 별세례의 축복을 받아 본 적이 있는가.
몽골 테르지 공원에서 받은 별보따리가 시공을 넘어
베오그라드의 맑은  밤하늘까지 우송돼 와 나는 숨이 막혔다.

## 별 · 7

휴대폰이 없던 시절, 휴대폰이 있어도
은하수를 타고 넘어오는 이 별과 저 별 사이는
나 하나 별 하나 옛날이 그리운 우리들 사이다.

## 보고 싶다

눈사람처럼 하얗게 살다 눈 녹듯 사라진 여자
세상 모든 게 하얗게 어는 숨어 있는 그리움.
마음의 검은 점이 흰 눈 잎 될 때까지 보고 싶다

## 봄

새싹 돋듯이 까막눈 떠 한 번 새 세상 살려고
야학당 다니시던 어머니. 어디선가 밤새 외운
구구단 잊을까 봐 구구구 산비둘기 울었다.

## 봄날 하루

봄바람 일자 사과꽃 핀 세상은 경천동지. 일자무소식.
봄볕에 소경된다고 내 사랑은 대낮에도 캄캄하여라.

세상의 끈 같은 그녀 손잡고 다시 한 번 동구 밖 과수원 길.

## 봄, 봄

어느새 합창단을 만들어 봄맞이 연주에 바쁜 새들은
목련가지 위에서 목청을 가다듬느라 한창이고
목련은 연주회 축하 꽃 장만하느라 부산분주하다.

## 봄비

봄비는 연인들의 마음을 줄글로 읽듯이 온다.
사풍세우斜風細雨에 연잎 꺾어 빗물막이하고
서로의 마음이 자기 마음처럼 젖었다며 맞는다.

## 봄 숭어

꽃소식보다 기다리던 봄 손님 숭어 본 날이
뱃사람에게는 웃음꽃 떠날 줄 모르는 봄날이다.
봄 숭어 두꺼운 비늘 낱낱도 꽃잎처럼 어여쁘리.

## 북극

너무 춥고 가늠이 안 되어서 하나님 발도 얼겠다.
그 새벽하늘에 뜬 별은 내가 본 별 중에 제일 맑고 멀다.
그 멀고 먼 별에 첫 손 꼽는 사람을 그립게 포갠다.

## 북보르네오열차

숲을 스치면 바다, 바다를 지나면 산. 코타키나발루.
19세기 북보르네오 목탄열차가 초록 연기를 날리며
21세기에 옛날이 그리운 사람들을 싣고 간다.

## 북해도

옥수수 굽는 냄새가 풍기는* 북해도를 떠돌며
지금은 갈 수 없는 내 고향 북녘
가자미 식혜에 수수떡을 내오던 어머니를 떠올렸다.

* 북해도 오타루공원에 있는 석천탁목시비의 하이꾸.

## 불청객

아무리 색으로 유혹한다한들 수정받이 꿀물 없으면
어느 벌 나비들이 꽃을 찾으랴.
꽃피면 색만 보는 사람들 꽃에게는 불청객이다.

## 빈 방

동지섣달 오래도록 비워 둔 외풍 심한 아내 방에
연탄불을 따습게 들였다.
혹시 시린 발로 먼 길 온 아내 추워할까 봐.

## 빈자리

오래전에 외로이 저승 간 아내 오면
언제 어디서나 어디를 가든 내 곁에 앉으라고
티 안 나게 마음속 한자리를 비워 두었다.

## 빚

털끝만치도 누구에게 십 원 한 장 빚진 거 없이
아내는 구설수 남기지 않고 깨끗하게 살다가 갔다. 그런데
나에게만은 어찌 그대를 못 잊는 빚을 지고 가느냐.

## 사과

사과 한 입 베어 무니 입 안 가득 고이는 꽃물.
아담과 이브처럼 처음으로 달디 단 원죄 한 번 짓고
칠십 평생 못해 본 사랑에 눈 뜨고 싶다.

## 사람 · 1

어찌 꽃만이 아름다우랴. 세상 어디에 가도
아름다운 것은 그것을 보고 느끼는 사람 꽃도 있다.
그런 자신의 아름다움은 모르고 살다 죽는 사람도 있다.

## 사람 · 2

처음 사람을 가까이 접해 본 짐승이나 새들은
그 잔인성을 몰라서 곁에 오거나 무심히 지나치기도 한다.
사람도 그걸 보고 어떻게 처신해야할지 배웠으면 한다.

## 사랑 · 1

뜨거운 것만으로 사랑은 완성 되지 않는다. 늘 하다마는 사랑.
목매달기보다 상처난 곳 연고처럼 살살 문질러야 한다.
사랑은 모루 위에서 끊임없이 불과 물로 단련 되는 과정이다.

## 사랑 · 2

이승보다 저승의 아내를 더 사랑한 사람이 있다.
이승에서 같이한 사랑에는 싫은 것 너무 많지만
저승 간 사랑에는 아쉬움과 그리움만 있기 때문이다.

## 사랑 · 3

사랑하는 마음도 아내와 함께 죽어버리지
살아 있을 때보다 아내를 더 사랑하고
못 잊는 것은 이 무슨 신의 장난인가.

## 사랑 · 4

아픈 사연이든 어떤 입김이든 사랑하다 떠나도
세월이 약이 되어 상처도 아물어 잊히거니 했다. 그러나
아픔은 나았어도 자국은 선명했다. 사람이 사랑한 죄니까.

## 사랑 · 5

어릴 때 종아리에 피멍들도록 회초리깨나 맞았다.
그리고 어머니는 돌아서서 몰래 치맛자락으로 눈물을 찍어냈다.
어른 돼서도 다시 맞고 싶은 어린 눈에도 훤히 보이던 그 사랑매.

## 40년 전

그때 사랑했던 사이도 아닌데 한 여자가 휴대폰으로
40년간 간직했던 30대의 내 사진을 보내왔다.
가진 거라곤 달랑 소주 한 병 꿰찬 모습이었다.

## 사이판

남태평양의 무너진 벙커처럼 파산한 젊음이었다.
이 바다에서 그리운 이름을 한없이 부를 줄 어찌 알았으랴.
그 학병의 애잔함이 아직도 멍든 섬이 되어 남아 출렁이고 있다.

## 사진

E메일로 한 백여 컷의 여자누드가 흘러 들어왔다.
노인끼리 돌려보는 대리만족용 사진.
즐거움커녕 내 자신의 외로운 모습만 보였다.

## 사할린

쿠릴열도의 거센 물결 같은 강제 노역도 넘고
오호츠크 해의 북풍 냉전 이데올로기도 이기며
일자무소식의 조국 그리며 내 핏줄이 살아온 땅이다

## 산 —대관령 정상에서

바다가 산 안에 있다. 산이 바다에 둘러싸여 있다
때로는 산으로 바다의 넓이를 가늠한다. 그 경계는 나무다.
산이 있어 물샐틈없이 푸른 그런 바다, 섬처럼 갖고 싶다.

## 상처喪妻

나는 심인광고를 가슴속에 빼곡히 붙이고
저승 가서도 밤이면 밤마다 꿈속에서처럼 아내를 찾아
기적소리도 슬피 은하철도를 타고 헤매리라.

## 색

꽃의 색은 빛일 뿐 소리를 내지 않는다
여자는 죽어라 색을 써도 목이 쉬지 않는다.
미진하고 모자라는 아름다움이어서 더 찾는 색이다.

## 생업 —제천에게

방산芳山의 대장간에서 뜨겁게 사는 법 배웠고
시구문 밖으로는 사람 실려 나가는 죽음을 보았다.
일찍이 생과 사를 터득했으니 시 아니면 무엇을 하랴.

## 생이지지

많이 먹는 것을 죽어라 먹는다고 하고
힘들여 일하는 것을 혀 빠지게 일한다고 하니
우리들은 생이지지生而知之로 모두 시인들이다.

## 선인장 · 1

온몸에 가시 천지라도 꿋꿋이
한 세상을 꽃 피우며 사는 것은
꽃 같은 마음이 있기 때문이다.

## 선인장 · 2

오래 오래 집을 비운 채 떠도는 몸일 때
물 한 모금 안 먹고 꽃 안 피우더라도
살아서 집을 지켜준 그것이 사람보다 고맙다.

## 설야

펑펑 눈 오다 일순 그친 밤이다.
그 밤 따라 세상풍파 다 잊고 고요히
어머니 곁에서 자고 싶다.

## 섬 · 1

집 나간 아버지를 기다리며 차린 어머니의 밥상만큼
기다리기만 하는 정갈하고 고요한 것을 본 적이 없다.
흰 밥사발들은 늘 어머니의 섬처럼 고적孤寂했다,

## 섬 · 2

바다는 넓은데 사람이 쓸쓸하니 무엇인들 안 외로우랴.
섬은 외로움의 감염 보균자가 아니다.
물의 쇠고랑을 낀 섬은 물 먹은 내가 본 나일 뿐이다.

## 세월 · 1

사파의 티끌먼지 다 쓸어 말끔한 화엄사 뜰에
늙은 홍매 삼천대계 다 밝히는 꽃 연등을 피웠다.
그 꽃 하늘부처 같아서 지나던 스님 두 손 모아 합장 한다 .

## 세월 · 2

남남처럼 살면 남남이고 내 것처럼 살면 나인 줄 알았다.
사람들아 사랑도 인생도 다 흐른 막장에야 토막난
내 목숨 줄 바람 앞에 덜컹대는 폐가의 문짝 같은 육신.

## 세월 · 3

세월 앞에서 고마웠노라고 꾸벅 인사라도 하자.
남들이 뭐라 해도 나는 나대로 몇 포기의 꽃을 심고
그 꽃들을 죽이지 않으려고 열심히 살았노라고 말하자.

## 소나기

삼라만상의 소리란 소리는 모두 다 흠처 훱쓸 때보다
왔다간 손님처럼 일순 적막강산일 때 더 소나기가 보인다.
내 쨍쨍한 고뇌의 땡볕 이명소리마저도…… 딱, 숨 멈췄다.

## 소묘

코스모스 핀 간이역에 정차한 열차도 삐이익 관절염이다.
떠나는 것들에는 무언가 쓸쓸한 향기가 있다.
흰 연기 백발로 하늘하늘 동해를 흐르며 열차도 늙는다.

## 소원

갑자기 천둥날벼락 치듯 아내가 세상 눈 감았다.
죽을 거면 누워 병이나 실컷 앓다가 가시지.
저 영감 마누라 오줌똥 시중 몇 년간 치렀다는 소리나 듣게.

## 손톱 · 1

왜 손톱은 들짐승 같은
잔인한 야생의 원시성을 가졌으면서도
아프지 않게 자라는가?

## 손톱 · 2

쓸 데 없는 손톱도 깎아서 버리기가 늘 망설여진다.
일제 때 강제 차출 돼 학병 가 소식 없는 형님의 손톱을
유골처럼 봉분으로 쓰는 것을 봤기 때문이다.

## 수녀원

하나님 냄새만 맡으시는 수녀님들은 팬티의 지린내도
쨍쨍 햇볕에 증발시키는 줄 알았던 봉쇄수녀원 옆.
시크릿한 숲길을 따라 묻어오는 진초록 살 향기.

## 숟가락

예부터 숟가락 놓는 순간이 죽는 날이라 했다.
그 삶을 수시로 들락날락 되질하는
내 혀를 본 떠 만든 또 하나의 혀다.

## 시색詩色

시에도 색이 들어 있지만 여자들 말로는
시보다는 사람색이 좋아서 날 사랑했단다.
그 사랑 아무래도 시에 빚진 거 같다.

## 십자가언덕

2만개의 십자가가 있는 발트 해의 작은 언덕에서
사람들아 더 기적이 없는 십자가를 세우거나 찾지마라.
두 팔을 벌리면 그대가 바로 십자가요 소망이다.

## 아내

아내가 한 발 먼저 이승을 뜬 후 나의 삶은
있을 때보다 없어서 더 그리워하는 나날이 되었다.

그대가 왜 나보다 더 일찍 눈감았는지 알겠다.

## 아버지 · 1

썩은 속은 하늘 높이 분수로 내뿜으며 헤쳐나가신 당신은
그 속을 늘 안분지족의 크릴새우로 채웠다. 거인이었다.
자식들 다 대처 같은 바다에 나가길 빌은 긴 수염고래였다.

## 아버지 · 2

당신은 평생 시처럼 살았으나 시인은 아니었습니다.
당신의 피를 받은 저가 당신인 듯 시인이 되어
시 하나로 바람처럼 먹고 구름처럼 살았습니다.

## 아카시아

내를 건너는 소녀의 흰 종아리에 달빛 물결 맑고
밤뻐꾸기는 어디, 여기, 그래 뻐꾹 찍으며 울음 색을 쓰는데
남들도 다 아는 열세 살 순정한 아카시아 밤꽃향기.

## 앓는 소리

친구들은 잠결에 내가 자꾸 아픈 소리를 낸단다.
이별을 못해 본 사람들에겐 그 사랑조차도 사치이랴.
노을 타는 서천 길 왔다가는데 눈물 한 방울 어이 없으랴.

## 양수리

물은 길이 없어도 가는대로 간다. 길은 저절로 뚫리고
수종사 종소리도 하늘 길 보다는 물길 따라 하산한다.
손과 손을 잡듯이 두 물이 하나 되는 자연을 알기 때문이다.

## 어머니 · 1

일자무식 같은 단순한 감동이 어머니에게는 있었다.
일생 등 펼 날 없이 기억자로 살았어도
동물적인 본능으로 아버지의 사랑그늘이면 되었다.

## 어머니 · 2

삯일로 생선 배를 째는 칼끝은 늘 햇볕 속에 빛났다.
달거리보다 더 비릿한 삶에 목을 맨 일생이지만
어머니의 항구엔 자식들이 꿈을 싣고 정착해 있었다.

## 어머니 · 3

어머니보다 훨씬 더 오래 산 자식인데도
아무 이유 없이 말끝마다 어머니를 찾는다.
갈수록 어린 시절 어머니 품이 그립기 때문이다.

## 여권

구름 나그네의 마지막이 될 성 싶은 새 여권을 냈다.
이 여권의 쓰다 남은 기한으로 비자 없는 저승의
어느 나라인지 모르지만 떠나면 될 것 같다.

## 여자들

내 곁에 여자가 없었으면 사랑을 몰랐으리.
외로울 때 왜 여자들은 다 멀리 있는가.
수평선에 뜬 돛단배 한 척처럼 더 아스라한가.

## 연기

비밀은 독방의 무기수처럼 블루 스카이를 가지는 것이다.
하늘을 우러러 가진 새 한 마리를 풀어놓고 싶은 것이다.
안개처럼 고양이 걸음새로 피어오르는 굴뚝 연기의 자유다.

## 오기나와의 야생화

오기나와에서 수억 천만 발의 폭탄 같은 들꽃들이
바닷물이 새파랗게 질리도록 폭발했다.
내 눈에는 그 꽃들 대전 때 죽은 못다 핀 영혼 같다.

## 오징어

어찌할 바 없이 문둥이처럼 오그라드는 손

한잔 소주로 씻는 코 감싸 쥐는 송장 타는 냄새

바다마저 바닥 친 지옥 불에 던져진 소신공양.

# 와이키키

밀크 초콜릿 맛 나는 천국. 씨름하기 좋은 모래밭.
사철 따끈따끈한 팔등신 여자들의 따듯한 바다 뜨거운 숲
그 해변의 천국, 수입산 모래로 만들어진 가짜다.

# 외로움

깊은 밤 저 먼 바다의 어화漁火가 꽃처럼 핍니다.
나는 저리 살타는 여자와 잔 적이 있습니다.
밤새 그리워하며 혼이 타는 불빛을 본 적이 있습니다.

## 유수인생

평생 마음 상하는 일 있더라도 여자가 떠나더라도
흐르는 물처럼 살자고 한 유수인생이
마음의 슬픔을 견디지 못해 주류인생이 되고 말았다.

## 이별

부두에서 사내는 다른 배를 탈 것처럼 비린 등을 돌리고
기약 없는 배가 그리운 계집의 손수건은 눈물바다.
항구에서는 늘  떠나는 배든 들어오는 배든 배가 문제다.

## 인연

더블린에서 술을 마시고 여행 가방을 다 잃어버렸다.
정신 줄 놓아버린 더 잃을 것 없어 빈손을 탁탁 털자
햇볕이 웃으며 내 가벼워진 인생과 친구 맺자 했다.

## 입

입이 있어 감고신산의 맛을 알듯이
인생의 희노애락도 여기서 나온다. 하지만
입이 가장 행복한 순간은 사랑의 키스를 받을 때다.

## 자화상 · 1

내 술 버릇은 운동권도 아니면서 날밤 새워
새벽이 올 때까지 흔들리지 않고 마시는 것이다.

끝까지 나날을 그렇게 살았던 별명 술 깡다구.

## 자화상 · 2

늙으면 제일 먼저 할 일은 외로움을 이기는 것이다.
짝을 잃고 염천 땡볕 무논에 외다리로 서서
푸르게 날 하늘도 없는 듯이 졸고 있는 목이 긴 두루미.

## 잠자리

산소결핍도 고소공포증도 없이 뜬 공중부양이다.
연애편지를 물 위에 썼다 지우고 지웠다 쓴 몽당연필.
무슨 일이든 꽁지가 몽당연필이 되도록 살자.

## 장마전선

귀신 휘파람소리를 내는 바람이 밤새도록
빗방울을 왕모래처럼 싸락눈처럼 뿌렸다. 반짝 해가 그리운
연년세세 썩도록 곰팡이 꽃 피며 길게 젖어 온 내 인생.

## 저승 · 1

이승에서는 이승의 일뿐인 줄 알고 살았다.
이즈음은 저 세상 승乘, 저승이 있다고 믿으려 한다.
내 죽어서 티끌이라면 너무 허무하니까.

## 저승 · 2

평소에 친숙했던 사물들도 돌아서면 잊는다.
친한 이름들이 입안에서 뱅뱅 돌면서 나오지 않는다.
이승머리를 비우고 저승머리로 채우려나 보다.

## 저승 · 3

살고 죽는 거 다 문 열고 나서면 지척지간.
백주 대낮에 물 한 방울 그리운 혀 타는 사막이더라.
유수인생 흐르면 그뿐. 이,저승 가린들 무엇하랴.

## 저승 · 4

저승도 인간세世나 마찬가지로 살아야 되는 곳이므로
이승에서 하도 힘들었으니 저승서는 거꾸로 살아보리라.
그래도 손이 발이 되게 산다는 거 이 또한 역부족이겠지.

## 저승 · 5

살아보지 않은 곳이라 한동안은 적응하기 힘들겠구나.
이승에서 길든 습관 버리기도 어렵겠구나.
그중에서 제일 궁금한 건 어떤 여자 만나 연애할까.

## 저승 · 6

저승 너무 심각하거나 무섭게 여기지 말자.
평소 늘 죽음에 무관심해 오고 그래서 예까지 안 왔느냐
저승길, 낯선 땅 신비한 해외여행이라 여기자.

## 정부情婦

어둠 속에 피어나는 은방울꽃처럼 신비롭던 여자도
오래 살 섞다보면 귀밑머리같이 질긴 인연만 남고
숨길 수 없이 눈에 띄는 주름살 파도와 점박이 슬픈 섬들.

## 조각달

둥근 마음 깎이고 깎여 칼날이 되었다.
세상은 칠흑이라 째진 눈뜨고 못 볼 일 째고 쨌지만
서천으로 가기까지는 열어놓은 귀 하나.

## 종달새

창포 푸르른 날에 종달새 한 쌍
언제 짝 짓고 사랑을 했는지 그 기쁨
풀숲에 새끼 낳아놓고 하늘로 치솟는다.

## 죽음

칼로 물 베기는 다 아시지요. 죽음이 그러합니다.
아무리 우리 목숨은 하늘에 맡겼다고 하지만
내 목숨이니 내 뜻대로 사는 삶 하나쯤 있었으면 한다.

# 지하철

습관처럼 지하철만 타고 다니다 보니 햇빛보며
버스를 타고 다니던 낯익은 구간이 어느새 딴 세상.
빌딩 숲 새싹 돋듯이 꽃 피듯이 온통 변해 있었다.

# 직정直情

필 때 아름다운 꽃보다 솔직히 아내를 잃어서일까
질 때 더 마음이 서럽게 기울어지는 순백의 꽃.
나도 이 강산도 낙화유수다. 봄 술 한 잔에 꽃 되었다.

## 집

집에 여자 웃음소리가 그친지 오래다. 쓸쓸하다.
봄 웃음 띤 햇살도 담장을 넘다가 이마를 찡그린다.
집 주인이 있거나 없거나 제멋대로 곱게 핀 들장미.

## 철쭉

깨보숭이 언년이가 온산에 논 화력 좋은 봄 불이다.
동란 때 빨치산도 그 꽃술에 타다, 타다 못해 미쳐버렸다.
지리산도 단숨에 넘는 바람난 치맛자락이다.

## 초콜릿

사랑이란 깊든 옅든 단것에 더 끌리는 황홀한 맛보기다.
혓바닥 위에서 춤추는 중독성이다. 사랑에 국경이 없듯
연인들은 국적불명의 이 맛에 입술을 빨듯 인사불성이 된다.

## 촛불

하나님을 제일 잘 만날 수 있는 것은 촛불이다.
주님의 말씀대로 어둠 속에서도 빛을 주는 세상
고요히 기도드리는 불꽃 속에 그 분이 계시다.

## 춘신春信

세상인심이라지만 꽃이 핀 것과 진 것은 천지간이다.
꽃이 핀 소식은 천리 밖 먼 길까지 날아든다.
꽃이 진 소식은 아무리 물장구쳐도 묵묵부답이다.

## 춘화현상春化現象

긴 겨울을 참고 기다려 싹트고 맛보는 꽃은 구세대다.
체온에 맞춰 무사 무탈하게 봄날이 가고 곡식이 여문다.
색 쓴 것이 억울하다. 아무나 와 강간하듯이 짓뭉개다오.

## 칠흑

부엉이는 철벽 먹통인 어둠도 대낮이어서 미네르바일까.
밤의 검은 미세 입자를 환히 읽는 눈이 나에게는 없다.
이런 밤에는 계집을 잃고 무너져도 그 자국도 먹물이었다.

## 탑

사람들아 바벨탑을 쌓지 마라.
쌓으려 해도 쌓아지지 않는다.

하늘과 닿아있는 인간이 탑이다.

## 트롱룽가의 혀*

목숨을 걸고 맛보는 죽음의 쾌락이 혀에 있다.
삶의 균형을 잃고 죽음의 키스처럼 빨려드는
독약 같은 유혹이 두려워 나는 혓바닥의 끝에 서지 않았다.

* 노르웨이에 있는 3백미터의 절벽.

## 파도

문을 나서자 바다가 펼쳐졌다.
학의 날개 짓 같은 굴곡의 파도. 그 절정에
박살나고픈 내 인생의 멍에를 풀어놓는다.

## 피아니스트

놀랍지만 악보를 암기하고 따르는 충실한 바보 같은
피아니스트의 연주가 아름답고 창조적 감동인 것은
남의 것도 내 것처럼 혼신을 다하기 때문이다.

## 하늘

잊으면 안 되는 여인을 무슨 꽃 옆에서 헤어졌던가.
영 떠오르지 않아 내가 어쩌다 이렇게 됐나?
하도 기막혀 하늘을 보니 그 하늘마저 나 닮았다.

## 할머니

새벽마다 앙상한 등을 아름드리나무에 치는 할머니
좋은 영감 만나 눈 한 번 맞추는 게 더 낫겠다 하니
부지깽이로도 못쓸 영감 송장치를 일 없다고 고개 젓는다.

## 해물탕

뱃사람들이 끓이는 해물탕은 별 양념이 없이도
고추장 한가지로 맛내고 아무렇게나 내놓아도
시원하고 일품이다. 바다가 통째 들어 있어서다.

## 해혼解婚

아들딸 시집장가 보내고 이제 서로 자유롭게 살자며
이혼도 아닌데 아내는 저승길 좋다고 너무 멀리
새처럼 날아갔다. 나는 돌부처로 눌러앉아 있는데……,

## 허수아비

사람들이 사람이 무서운 걸 알아서 만든 허수아비.
진짜인 줄 알았던 새들도 가짜인 줄 알고부터는
아무 때나 와 앉는다. 새에게 허사비가 된 사람.

## 혀

붉은 피 철 철 비치도록 내 세치 혀를 깨물고 싶다.
사랑한다는 말, 신발 거꾸로 신을까봐 새 여자에게는
입에 달고 살면서 아내 생전엔 왜 그리 인색했을까.

## 화장火葬

하루를 사나 평생을 사나 낮과 밤, 생과 사는 마찬가지다.
꽃이 늙는다고 사랑아 아파말아라. 다 멍에가 아니더냐.
태양보다 더 장엄한 꽃의 불길 속에서 정화淨化되리라.

## | 3행시를 쓰면서 |

이 시집은 시조가 아닌 3행시도 씌어져야 한다는 작은 반란에서부터 시작되었다. 좀 과격한 어조로 얘기하면 시조시인도 시조 아닌 3행시를 쓰고 싶을 때가 있을 것이고, 그렇다면 3행시도 자유롭게 더러 쓰는 것이 바람직하지 않을까. 하면서도 나는 우리 고유의 시가로서 시조의 고유성을 잘 살려나가야 된다는 입장이다. 3행시를 쓴다고 하여 시조의 깊은 뿌리가 결코 훼손되거나 흔들리지 않는다는 확신을 갖고 있다.

나는 시인이다. 시인이란 시를 쓰는 사람이고 시다운 시가 되게 쓰는 사람이다. 일생 시를 쓰면서 그저 시 비슷한 냄새만 피웠지 얼마나 시다운 시를 써 왔든가 되돌아보면 시인이란 이름으로 살아온 세월에 자괴지심이 인다. 시를 쓰면서 시가 아닌 시를 엉터리 같은 시를 시라고 내놓은 적이 얼마나 많았던가. 3행시집 『하늘 사람人 땅』을 엮으면서 스스로 내 시의 엄격성에 대하여 반성하는 계기가 되었다. 이 시집은 본래 한 2백여 편의 시들로 낼 예정이었다. 젊었을 때였으면 쓴 것만이 기특하고 그냥 버리기 아까워서 그대로 시집 출간을 했다. 그런데 난생 처음으로 마음에 안 드는 작품들은 과감히 폐기했다. 근일 젊은 시절처럼 시가 잘 안 되는 이유도 그 하나다. 이 대목에서 시집에 실린 나머지 시들은 다 시다운 것이냐 하면 그렇지 않다. 많이 모자라고 부족하지만 스스로 가늠컨대 수준 이하로 써진 것들을 버렸다는 얘기다. 한 권의 시집에 깃든 시의 평균율이다. 호불호를 떠나 시집에 실린 시의 질이 들쭉날쭉 높낮이가 싫다. 늙으니까 이제 겨우 도공의 정신에 공감이 갔다. 자기 이름을 달고 선보이는 작품에 스스로 엄격하여 가마에 나온 작품이 어딘가 미진하면 가차 없이 깨버리는 도공정신 말이다. 그리하여 40여 편에 가까운 내 작품이 난생 처음으로 과감히 버려졌다.

내가 이제껏 써온 2행시나 3행시나 4행시는 다 정형시다. 그러면서도 시의 표현에서 글자 수나 배열에 구애받지 않는다는 점에서 자유시로 다루고 있는 시의 한 형태다. 굳이 이름 하자면 반 자유시, 반 정형시의 형태라 하겠다.

시집 『하늘 사람人 땅』은 3행시다. 왜 3행시집을 내는가 하면 나름 할 얘기가 더러 있다. 솔직히 나는 대한민국의 시인으로서 우리시의 고유한 형태와 가락이라 할 시조집을 한 권 꼭 가지고 싶었다. 시조집 한 권 없이 어디 가서 시인이라 하는 내 행색이 부끄럽기까지 했다. 그런데 어쩌랴. 시조를 써보려 나름 노력해도 체질적으로 잘 안 맞아선지 도저히 그 가닥을 잡을 수 없었다. 아마 스스로 짐작컨

대 정형의 틀이 나의 체질에 너무 안 맞고 부담스러웠던 모양이다. 궁리 끝에 시조집 대신에 3행시집을 내자하고 써 본 것들이 이번 시집에 담긴 작품이다. 시조 아닌 3행시는 잘 써지었다. 시인에게 있어서 틀에 얽매이는 것과 그렇지 않은 것의 차이가 얼마나 큰가를 새삼 실감했다. 하면서 시조를 쓴다는 것은 무엇인가. 정형이라는 틀을 가지고 그 틀조차 염두에 두지 않고 벗어난 높은 형태의 경지라는 암시가 왔다. 많은 논란이 예고되지만 한국시문사에서 시조는 나름의 한국시조문학사를 가져야 된다. 한국시의 발전양상은 형식면에서 시의 모체는 향가의 4구체이고 그것을 중심으로 분장체로 분장 연장체의 이야기 시로 발전해 온 것이라면 시조도 나름으로 시기나 시간상의 문제는 있겠으나 평시조, 엇시조, 사설시조, 연시조로 이어왔고 그 외에 양장시조, 단장시조, 동시조의 형태로까지 시도되어 와서다. 뿐만 아니라 시조는 명칭 자체도 그러하지만 노래와의 깊은 연관성이다. 조선시대 삼대시조집이라 일컫는 『해동가요』, 『청구영언』, 『가곡원류』의 명칭만 보더라도 시조집에 노래 가歌를 붙인 것은 예사롭지가 않다. 일본인 마에마가 편찬한 『교주가곡집』을 봐도 『청구영언』 등 10여 종의 가집을 유전편과 작가편으로 나누고 유전편은 곡조에 따라 분류하고 작가편은 작가의 약전과 함께 곡조명을 표시하고 있다. 시조가 노래와 불가분의 관계임을 짐작케 한다. 시조창

唱도 양반사회에서 부르던 시조창과 일반 평민들이 불렀던 창은 훨씬 달랐으리라고 예상된다. 어렸을 때 시조가 뭔지도 모르고 입에 달았던 노동요의 하나인 '동창이 밝았느냐'나 '청산리 벽계수야 수이감을' 같은 것은 일반 평민이 구전 겸 부르던 가락이라는 느낌을 지울 수 없다. 노래도 아니고 읽는 것도 아닌 음송인데 그렇다고 사랑방에서 십전소설을 읽던 우리 어머니들의 그것도 아닌 리듬을 가졌던 기억이 내게는 있다. 훨씬 성년이 되어서 국립국악원의 어느 연주회에서 들은 '청산리 벽계수야'는 도저히 일반인으로서는 따라 부를 수 없는 고차원적인 특수계층만이 향유할 수 있었던 창이라는 기억이 지금도 생생하다. 그러면 시조가 왜 노래와 깊은 연관이 있느냐는 궁금증이다. 나는 이것을 시조의 시時에 찾고자 한다. 시조는 단순히 시절가조만이 아니라 시대적 상황과도 줄이 닿아 있는 시의 형태다. 대개 고려말의 「단심가」나 「하여가」 또는 이조년의 '이화에 월백하고' 등에서부터 시작한 시조가 조선조에 들어와서  정형시의 형태로 정착된 요인은 조선왕조의 억불숭유의 정책과 밀접한 관계가 있었다. 5백년 조선왕조의 틀을 굳건히 유지하기 위해서는 철학이 있어야 하고 그를 받침 하는 문화정책으로서의 노랫가락 시조가 가장 시의 적절했다고 유추된다. 또 제도권으로서의 양반 사대부들의 가문 유지와 권력을 유지하고자 하는 바람이 즉 가문 혈통의 틀을 깨고 싶지 않은 그 틀이 시조의 정형성과 부합했다. 다른 한편으로는 조선시대에는 이쪽 지역에서 다른 지역으로 흘러드는 가사든 노래든 시조가 갖는 전파성, 즉 노래의 힘을 위정자들도 충분히 알았으리라 간주된다. 노래로서의 시조라는 말이다. 그런데 오늘날 시조는 노래를 상실했다. 너무 현대시적인 것에 매달려버렸다. 노래를 잃어버린 시조가 무슨 의미가 있을까 염려된다. 하지만 나는 시조의 정형성을 단조롭게 정하고 있지는 않다. 시조가 가진 노래는 상실되었더라도 다른 의미도 깃들어 있다. 즉 리듬이라 일컬을 수도 있는 정형률에 깃든 3,4조 음수율이나 4음보격을 보면 시조가 그냥 생겨난 것이 아니라 우리의 가장 적합한 생체리듬으로서의 호흡단위를 지니고 있음이다. 우리들 체질에 맞는 가락이다. 이 말은 그냥 유희로서의 시조가 아니라 백성들의 건강도 고려하여 오래 세월이 누적되어 이어온 산물이라는 증거다. 시조는 그냥 정형시가 아니라 한국인의 체질에 가장 알맞은 복합예술로 창조된 것이 분명하다.

시조의 발생 원인을 살피면 14세기로 잡는 경향도 있으나 나는 한국시의 모체인 향가의 4구체에서 보다 압축된 초중종장 3장의 한국적인 정형시인 시조가 유발되었다고 본다. 비록 시조는 고려 중엽에 생겨 나왔을지 몰라도 그 기본적인 뿌리는 향가의 4구체가 우리시의 모체이듯이 여기서부터 파생되었다는 것이 내 견해다. 동양권에서 중국의 정형시로서의 한시나 일본의 하이쿠처럼 우리도 민족 독창성의 문화로서 고유의 가락을 가질 필요가 있었고 이렇게 탄생된 것이 바로 시조다. 민족독창성이라는 면에서 보면 향가의 명칭도 마찬가지다. 중국의 것이 아닌 우리만의 노래요 시라는 의미다. 3행시집 『하늘 사람人 땅』을 내면서 어쩔 수 없이 시조 얘기가 길어졌다. 내 시의 바탕은 시조라는 얘기를 하고 싶어서다. 넓은 의미에서 대한민국의 시인들은 다 시조의 틀의 영향권에 있는 시인들이다. 비록 자유시라는 이름으로 시를 쓰지만 그 향토적인 뿌리는 시조에 있다. 그 예를 한 번 들자. 우리는 가끔 텔레비전 오락프로에 3행시를 짓는 거 아니더라도 야유회나 행사모임에서 3행시를 자주 짓는다. 이때 3행시는 백일장의 시들과 전혀 다르다. 백일장의 시는 시적인 소질이 있는 사람들의 시인데 비해 앞에 열거한 시 짓기는 오락이나 유희로서의 시의 활용이다. 우리의 생활이 시조문화권의 영향을 알게 모르게 받고 있는 현상이다. 시인인 나의 경우도 마찬가지다. 나는 가능하면 《계간문예》지에서 매년 시행하는 문화기행 행사에 참가하는 편이다. 이 행사에 반드시 빼놓지 않고 하는 놀이로 3행시 짓기가 있다. 시제로 보통 명사형의 이름으로 3행시를 짓거나 지역 특산물이나 명소로 정해진다. 이런 3행시 행사는 시조에서 나왔음이

틀림없다. 한국인의 의식구조에 자리 잡고 있는 것은 3행시 하면 시조를 우선 떠올린다는 얘기다. 자유시로서의 3행시를 생각하는 사람은 거의 없다. 하면서도 《계간문예》지의 경우를 보면 놀랍게도 시조를 내는 시인은 없고 대다수가 자유시의 형태의 시를 제출하고 있었다. 나는 여기서 자유시로서의 3행시의 가능성을 읽었다. 위에서 내가 밝힌 "시조 아닌 3행시는 잘 써지더라." 라고 한 고백도 그런 가능성에서 나왔다. 이것은 내가 굳이 3행시집을 내어서가 아니라 시조 아닌 3행시도 앞으로 얼마든지 시인들이 쓸 수 있다는 예다. 이 시집을 통해 그런 길을 터본다.

이제 3행시를 쓰게 된 사유를 얘기해 보자. 알다시피 나는 문단에 첫발을 밀면서부터 "사행시초"라는 이름으로 작품 활동을 해왔다. 그 후 이런 4행시로만 엮은 시집을 『사행시초』, 『꽃을 꺾기시작하면서』, 『물의 혼』, 『설연집』, 시력 50년 기념시집으로 낸 『사행시초 · 2』까지 5권이나 냈다. 사행시를 쓰면서 나름으로는 시론도 필요하여 「사행시론고」나 「영랑과 사행시」류의 글도 가지고 있었지만 사행시만을 전념한 것은 아니다. 시극도 써서 공연도 올려보았고, 연가곡도 써보았고 연작시 장시 등의 형식만이 아니라 시집 『사행시초 · 2』는 50년 전의 사행시와 지금의 사행시를 대비하는 시도도 하였으며 내용면에서도 성性, 꽃, 물, 눈, 기타 노인시, 여행시 등 나름으로는 시인으로서 할 수 있는 시의 갈래에 대하여서는 거의 다 손대보어 보았다. 그러면서 사행시를 쓰면서 늘 시도하고자 했던 것이 있었다. 4행시보다 더 짧은시다. 문단 초년생시절부터 가졌던 이 짧은 시에 대한 욕심은 내 인생의 말년에야 겨우 이루어지고 있다. 짧은시를 모은 『살아가는 슬픔, 벽』(2013년)이라는 제하로 낸 2행시집이 그것이다. 그리고 금년에 2행시집에 이어 3행시집 『하늘 사람人 땅』을 낸다. 이로써 나는 짧은시 형태의 시집을 다 가지는 셈이다. 나는 짧은시를 엄밀한 의미에서는 2행시, 3행, 4행시로 규정짓고 있다. 그 이유는 시를 시론으로서 얘기할 수 있는 형태라는 이유다. 다시 말하면 제법 시다운 틀을 갖춘 시들로 1차적으로 시집을 엮었다는 사실이다. 특히 이들중 3행시는 2행과 4행시의 중간에 자리잡은 형태로서 시적 여유를 가진 시다. 만들기에 따라서는 2행시로 압축될 수도 있고 4행시로 늘어날 수도 있는 여유와 중간틀로서 균형을 이룬 시다. 다음 내년쯤 낼 예정인 강우식 짧은 시집 『삶을 느끼고 깨닫는 가을 아침 같은 일상들, -티끌세상 』(가상 제목)은 그 영역을 1행에서 10행까지 넓힌 것이다. 이 짧은시집을 나는 짧은시집이라는 명칭 대신에 1행시, 2행시 등 다양한 형태의 시들이 혼재하니까 토막시집으로 하면 어떨까 생각 중이다. 짧은시가 10행까지 확장된 원인은 자유시의 여파로 여겨진다. 아무튼 이로써 내 짧은시에 대한 시쓰기는 마무리 되는 셈이다. 나는 이렇게 짧은시를 쓰면서 왜 시조시인들은 시조 아닌 3행시는 아니더라도 2행시나 4행시를 쓰려고 안하는지(더러 자유시를 겸업하는 시인은 있어도) 궁금치 않을 수 없다. 그런 의미에서 시단의 일각에서 짧은시의 가능성을 내다 본 "작은 詩앗 채송화 동인"이 내는 동인지가 16집까지 이어오는 것은 보람 있는 작업이다. 특히 이 동인지에서 줄글 형태의 산문시가 게재되는 것도 호감이 간다. 하지만 산문시의 경우 짧은시의 형태로는 어느 정도가 하한선인지 하는 분명한 규범이 없고 "작은詩앗 채송화"는 동인지 이름에 너무 무게중심이 갔다는 느낌을 지울 수 없다. 한자의 개념으로 보면 단시短詩는 작은시보다는 짧은시로 쓰는 것이 적당하다.

이제 시조와 다른 차원의 3행시를 쓰면서 3행시는 어떤 시인가를 말하고자 한다. 개인적인 편차는 있겠지만 작시면에서 더러 행수가 많은 기존의 시로 3행을 만들 때가 있다. 그럴 때 4행시에서 3행시로 만들기는 쉽지만 2행시를 3행시로 만들기 어렵다는 것이 내 솔직한 경험이다. 3행시란 그만큼 시조가 아니더라도 독특한 형식의 시다. 2행시(한시)와 4행시(한시의 기승전결이나 향가의 4구체)의 형식을 갖춘 중간 단계의 시에 정형시인 초중종장의 시조도 존재하지만 자유시로서의 3행시도 있을 수 있다는 미묘함이다. 하지만 이론적으로 정립이 안 된 자유시로서의 3행시란 가능할까. 어떤 면에서 3행시집을 내는 내 자신도 정확히 그렇다고 할 수는 없다. 솔직히 모르기 때문이다. 그러면서도 아무도 시작하는 사람이 없으면 그나마 안 되기에 3행시를 쓴다. 그리고 여기 미진하지만 3행시에 대한 자유시로서의 의미를 담는다. 3행시란 지극히 개인적인 것으로서 내 시집의 제목에서부터 시작할 수밖에 없다. 우선 나는 3이라는 숫자를 훈민정음 창제에서 가져왔다. 훈민정음은 만드는 과정에서 모음을 천지인 삼재三才를 본 뜬 것을 3행시의 기원으로 삼고자 했음을 밝힌다. 모국어로 시를 쓰고 누구보다 모국어를 사랑하는 시인의 마음이라 하겠다. 그 다음에는 천지인의 3과 별개의 숫자로서 3이다. 일반적인 상식으로서의 3의 의미를 나는 여러 가지로 어느 정도는 알고는 있다. 하지만 내가 선택한 3은 균형이 잡힌 숫자로서의 3이었다. 네발로서의 균형이 아니라 세발로서의 균형을 유지한 세발토기처럼 말이다. 또 3은 어떤 여러 가지 일을 하고자 할 때 기본으로 내세우는 3 세 가지, 삼세판, 삼세번과 동일한 의미로 사용했다. 즉 목적을 달성코자 하는 핵심 플랜이자 틀이 잡힌 형태으로서의 3은 시의 핵심 틀로서의 3이 된다. 3행시의 형태의 완성이다. 그리고 3은 시에 천지인 모든 것이 녹아드는 혼융을 띤다. 하지만 나는 여기서 천지인을 살짝 비틀었다.

왜 천인지여야 하는가에 의미의 새로운 부여다. 일컬어 우리는 습관처럼 부르는 천지인은 단순이 넓고 크다는데서 연유한 고대적인 개념이 아닌가. 큰 것으로 따지면 사람보다 더 큰 것이 어디 있으랴. 서문에서 간단히 밝힌 하늘과 땅의 중간자로서의 사람의 존재라는 것도 그 때문이다. 그 예로 사람을 중심으로 한 한자 복福을 파자해 보자. 보일 示변은 육당의 한자자전에 의거하면 다른 음으로 기라고도 읽는데 그 뜻은 神示(신기) 즉 땅 귀신을 지칭한다. 얼마 전 중국 장강삼협 여행길에서 이 示를 중국 사람들은 빈다는 의미로도 쓴다는 것을 알았다. 그러므로 복자를 파자하면 하늘을 상징하는 一과 그 아래 입口는 사람을, 밭田은 땅을 말하므로 복자의 형성은 제자과정의 순서를 보더라도 하늘 사람 땅이다. 복은 사람이 중심이 되어 하늘과 땅에게 잘 살게 해달라고 비는 글자다. 이에 나타나듯이 천지인이라 우리가 관습처럼 부르는 것도 사람 중심이었을 때는 천인지 순서로도 불러야 옳다고 상상을 해 본다. 특히 현대에서는 사람을 하늘과 땅의 중심 소통자로서 봐야함이 마땅하다. 몇달 전 나는 인도네시아 족자카르타의 보도부드르를 다녀왔다. 수많은 스투파 속에 부처님이 한 분씩 자리잡고 있었다. 왜 탑 속에 부처님을 한 분씩 모셨을까. 첫째 떠오른 생각은 탑과 부처님과의 동일시였다. 탑이자 부처님이요 부처님이자 탑이었다. 그 탑을 배경으로 나도 사진 한 장을 찍었

는데 그 사진을 보면서 탑의 모양새도 사람을 본떠서 만들었다는 생각에 사로잡혔다. 본뜨다 라는 말에는 기본을 따랐다는 의미가 있다. 즉 사람이 본이 되었다는 말이다. 내가 보도부드르를 보기 훨씬 이전에 쓴 3행시 '탑'에 "하늘과 닿아있는 인간이 탑이다" 라는 한구절도 내 의식 속에 인간중심의 천인지가 자리잡고 있었음을 뜻한다.

고대사회에서 거대한 나무神木가 하늘과 땅의 통로를 있는 상징성을 띠는 것과 동일한 이치다. 그런 취지에서 나는 3행시의 바탕을 천지인이 아니라 천인지 즉 하늘 사람人 땅으로 정하였다. 여기에 시집 제목으로 사람만 사람人으로 한자를 붙인 것은 형상으로서의 사람의 중요성을 강조하고자 함이다.

다음은 3행시에 담길 내용이다. 이 내용은 시집의 제목 '하늘 사람人 땅'에 다 제시되어 있는 셈이다. 시란 사람이 하는 작업이므로 어디까지나 사람 중심이 되어야 한다는 근일이 내 생각이 담긴 3행시집이라 보면 되겠다. 나는 요즈음 새삼스럽게 사람중심이란 무엇인가. 사람이란 무엇인가를 곱씹어 볼 때가 많다. 많이 떠오르는 생각 중에서 사람이란 무슨 철학적이고 심각한 논제보다도 참 희한하게도 실감 있게 다가온 것은 어릴 때 서당에서 글을 깨우친 것이었다. 나는 어릴 때 글을 깨우치기 위해 서당에 다니면서 사람이 되는 틀을 '동몽선습, 이나 '천자문'에서 닦았다고 본다. 서당에서 훈장선생이 가르친 글은 말씀은 안하셨지만 그 글들이 내가 사람의 틀을 형성하는 기초가 되었다고 믿는다. 특히 '천자문'은 흔히들 책에 담긴 천자가 사언고시四言古詩인 것은 널리 알려져 있지만 그 내용이 사람중심으로 골격이 짜인 것이라는 데까지 머리가 미친 사람은 드물리라. 언제 어디서나 늘 놀이삼아 입에 달고 다녔던 "하늘天 따地 검을玄 누를黃…" 속에 우리네 인간이 사는 규범적인 틀이 다 들어 있었다. 이제껏 살면서 나는 그 생각은 못하고 사람이란 무엇인가라는 명제에 엉뚱하게 매달려왔을까. 한심하기 이를 데 없다는 자괴감이 인다. 『천자문』에 걸린 사람人에도 어질仁을 비롯하여 칼날刃, 끌引, 호랑이寅, 도장印, 인연因, 참을忍, 혼인姻, 인정할認 등등 따지고 보면 다 사람人과 관련된 것들이 아닌가. 이렇게 사람과 관계된 이야기들은 넓은 의미에서 훈민정음의 기본바탕인 천지인 삼재는 물론 조선왕조와 깊은 연관이 있는 시조 그리고 근대조선의 사람이 하늘이라는 인내천人乃天 동학사상까지 아우르는 틀로서의 3행시에 담으면 된다.

한편 나로서는 시집을 내면서 되도록 주의를 기울였던 것은 3행시의 기본 바탕을 서정성에 두었었다. 한데 이 서정이라는 것이 감정에 매우 민감한 문제이므로 시시각각 변화기가 쉽고 휴발성이 강한 면이 없지 않다. 이런 가벼움을 누르기 위하여 되도록 사물이나 전원 위주의 시보다 내 일상에서 일어난 삶의 편린들이나 경험을 넣자고 하였었다. 시가 좀 무덤덤한 맛을 내는 탓도 이 때문이다. 연륜 탓이다. 이 3행시집은 한 마디로 말해  더러는 즉흥이고 즉발적인 면도 있지만 시의 압축성을 가져와  3행이면서도 3행시 같지 않은 많은 내용이 담긴 시를 쓰고 싶은 데서부터 시작한 것이기도 하다. 아마 시조 아닌 3행시집으로는 내가 처음 내는 것이고 써본 것들이라 시도 산문도 여기저기 정교치 못하고 무리한 면들도 있으리라. 좋게 읽어 주었으면 한다.